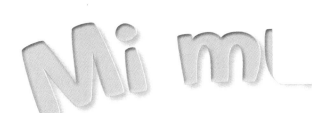

Mi muñeca

por Lucie Seyhun

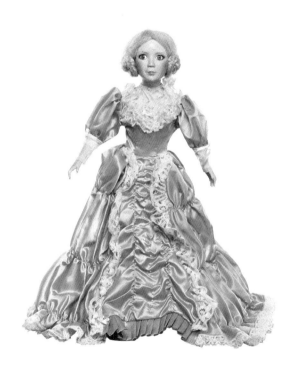

Destreza clave Sílabas con *Mm*
Palabra de uso frecuente *el*

Scott Foresman
is an imprint of

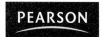
PEARSON

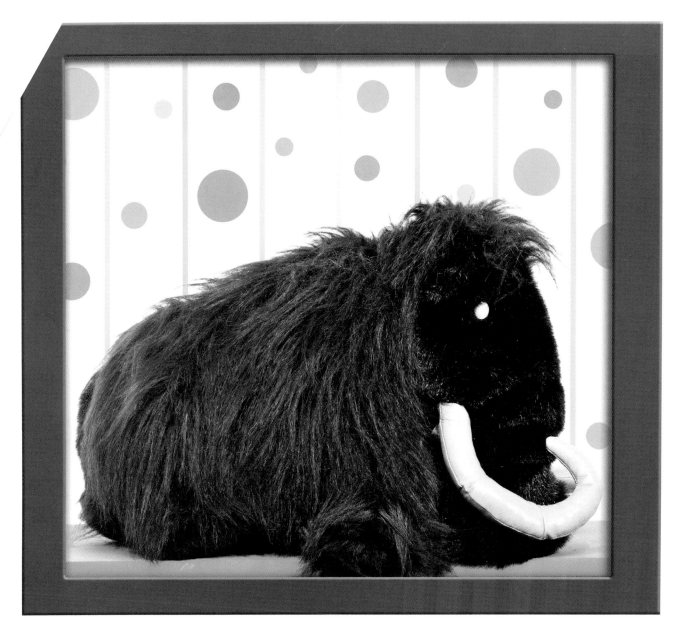

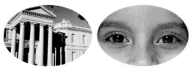

En el museo veo un mamut,

2

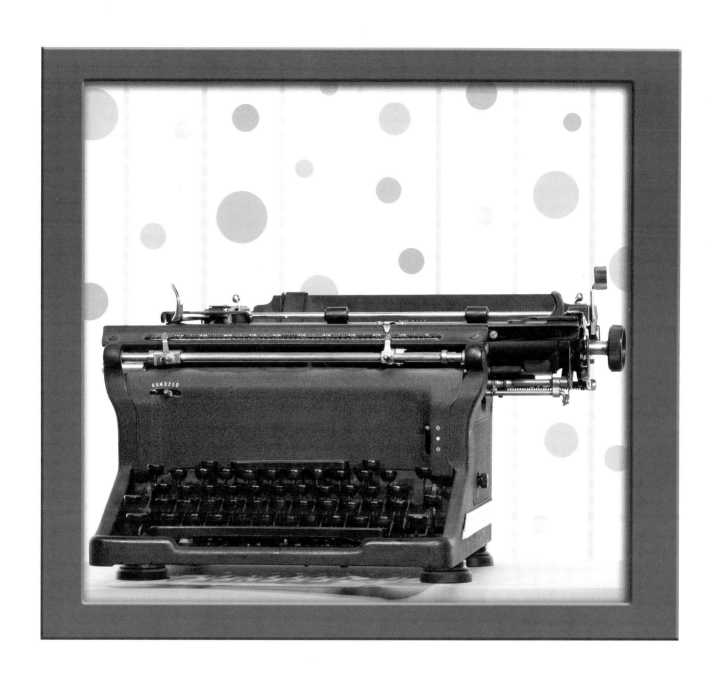

una máquina,

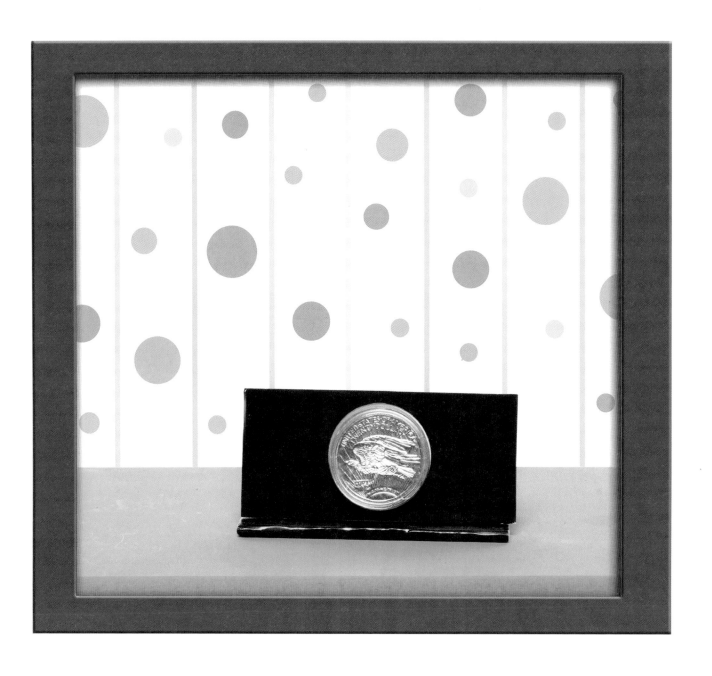

una moneda,

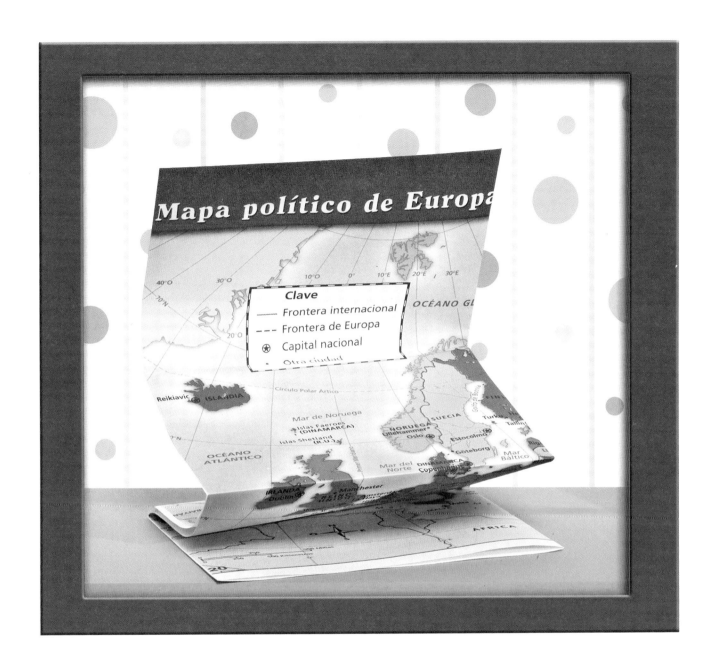

un mapa,

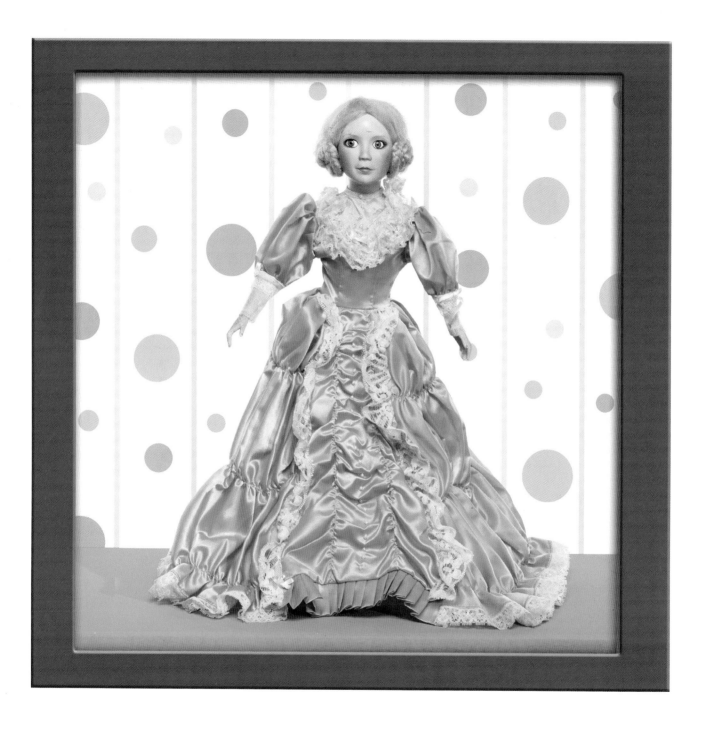

una muñeca,

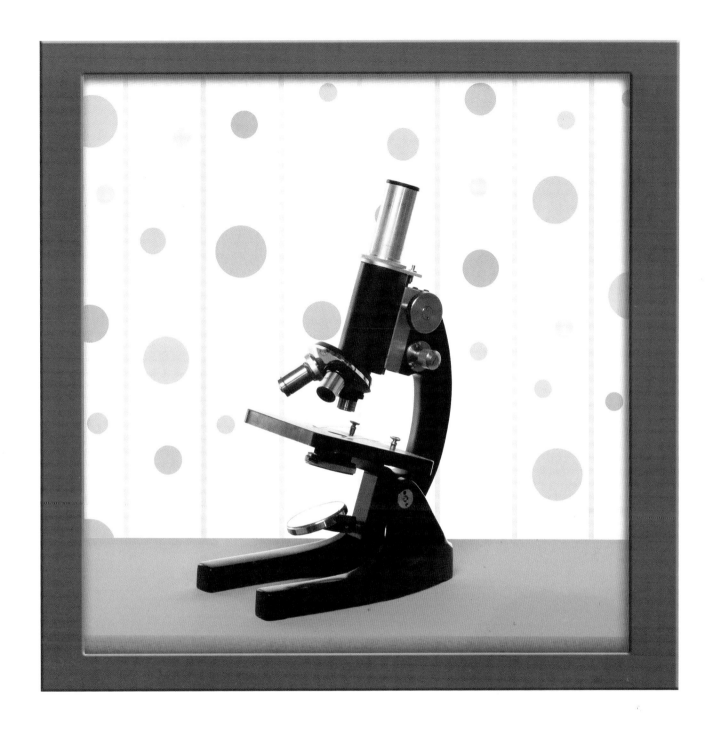

y un microscopio.

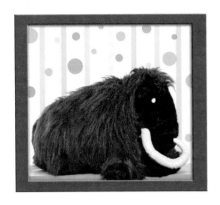

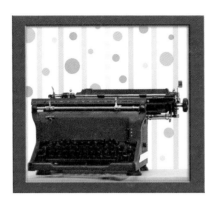

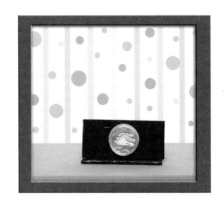

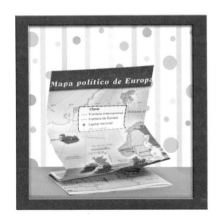

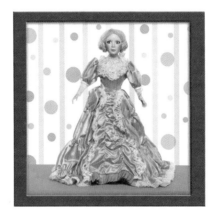

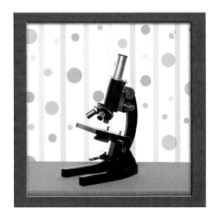

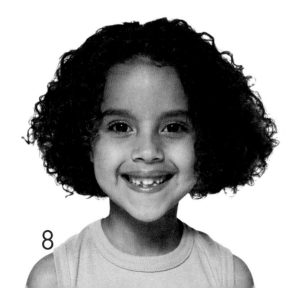

8

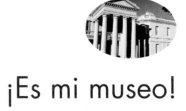

¡Es mi museo!